Inhalt

AF235606

Richard Deiss

Seltsame Zunge

77 Tafeln mit deutschen Dialekten

Impressum

Autor:	Richard Deiss
Fotografien:	Richard Deiss/siehe Quellennachweis
Cover:	Richard Deiss
Lektorin:	Heide von Lackum
Kontakt:	richard.deiss@gmail.com

Herstellung und Verlag: BoD - Books on Demand, Norderstedt

Printed in Germany

Erste Auflage 2022, Originalausgabe

© Richard Deiss, Wuppertal 2022

ISBN   978-3-756-2300-68

Bibliografische Information der Deutschen Nationalbibliothek
Die Deutsche Nationalbibliothek verzeichnet diese Publikation in der Deutschen Nationalbibliografie; detaillierte bibliografische Daten sind im Internet über http://dnb.d-nb.de abrufbar

Vorwort

Ich bin ein Vielreisender, was Städte betrifft und habe in Deutschland bereits mehr als 1000 Städte besucht, im übrigen Europa 1000 weitere Städte. Bei den Städtebesuchen stieß ich immer wieder auf bemerkenswerte Gedenk- und Informationstafeln. Wahrscheinlich habe ich bereits mehr als 1000 solcher Tafeln gesehen. Anfang des Jahres 2022 fasste ich den Beschluss, die interessantesten Tafeln in einem kleinen Taschenbuch aufzulisten. Später beschloss ich, mehrere thematische Einzelbände herauszubringen. Der erste Band erschien Ende Mai und war besonders witzigen und kuriosen Tafeln gewidmet. Der zweite Band sollte Tafeln mit Gedichten zeigen. Schließlich ergab sich eine Aufteilung in einen Band zu deutschsprachigen Gedichten, überwiegend in deutschen Städten, einen Band mit Gedichten und anderen Texten in deutschen Dialekten und einen zu Gedichten in anderen Sprachen. Hiermit liegt der zweite von drei Bänden vor, mit Tafeln und Fassadeninschriften mit deutschen Dialekten, gefunden im öffentlichen Raum verschiedener Städte in Deutschland sowie im Beneluxraum. Hamburg ist dabei recht gut vertreten, ebenso Köln und Frankfurt, während man in Berlin, München, Stuttgart und Hannover kaum Dialekttafeln findet, ebenso wenig, wie in ostdeutschen Bundesländern. Insgesamt sind es 77 Gedichttafeln (plus andere Tafeln und Bilder).

Ich freue mich, wenn das Buch LeserInnen findet, die es interessant und unterhaltsam finden. Rückmeldungen und Kommentare sind willkommen. Vielleicht werden LeserInnen auch angeregt, die eine oder andere Tafel selbst in Augenschein zu nehmen.

Viel Spaß mit dem Lesen der gesammelten Dialektkostproben.

Wuppertal, August 2022
Richard Deiss

1. Schleswig-Holstein und Hamburg

In Schleswig-Holstein finden sich etliche Gedenksteine, auf denen **Up ewig ungedeelt** (auf ewig ungeteilt) zu lesen ist, der Wahlspruch des Landes. Dieser stammt eigentlich aus dem 15. Jahrhundert, wurde aber im 19. Jahrhundert durch das Schlei-Gedicht von August Wilhelm Neuber wieder in Erinnerung gebracht wurde und er drückt das Ziel der Loslösung von Dänemark und der Vereinigung der beiden Landesteile aus. Ansonsten ist eher in den kleineren Mittelstädten gelegentlich Platt zu lesen, im Nordwesten des Landes auch Nordfriesisch.

In der Metropole Hamburg sind einzelne Tafeln in Platt zu lesen, gelegentlich auch Hamburgensien. Während in Berlin, München oder Hannover kaum Dialekt auf öffentlichen Tafeln zu finden ist, liegt Hamburg mit Köln diesbezüglich in Deutschland an der Spitze. Platt hat wie Kölsch hier fast offiziellen Charakter.

Kleine Bücherstube (Telefonzelle) in Itzehoe

Hamburg ist die deutsche Großstadt mit den meisten öffentlich einsehbaren Tafeln in lokaler Mundart. Besonders in der Hamburger
Neustadt sind sie zu finden, darunter Tafeln zur Zitronenjette, zum
Hummelbrunnen und zum Tüddelbandjungen. Das Schild unten ist
im Souvenirhandel erhältlich und ebenfalls in der Neustadt zu sehen. An einem Restaurant in den gegenüber dem Hamburger Michel gelegenen Krameramtsstuben ist es angebracht. Auf Plattdeutsch sagt es, dass Klugscheisser und Meckerköpfe draußen
bleiben sollen.

Schild in den **Krameramtsstuben**, Krayenkamp 10

Zitronenjette, Ecke Ludwig Erhardstr/Krayenkamp

Henriette Johanne Marie Müller (1841-1916) stammte ursprüng-
lich aus Dessau, war nur 1.32 m groß und ab ihrem 13. Lebensjahr
in Hamburg als fliegende Zitronenhändlerin tätig. Sie galt als
Hamburger Original und war stadtbekannt. Doch wegen zuneh-
mendem Alkoholismus wurde sie 1894 in eine Irrenanstalt
eingeliefert. 1996 wurde zu ihrem Gedenken in der Innenstadt eine
Bronzestatue aufgestellt. Am Denkmalsockel erinnert eine
Metalltafel an ihr trauriges Leben:

> **Dein Leben war sauer wie die Zitronen.**
> **Soll sich das Erinnern an dich lohnen?**
> **Dein Schicksal soll auf all die Leute hinweisen,**
> **für die das Glück gar keine Zeit hatte.**

Hummel-Brunnen am Rademachergang

Hans Hummel (1787-1854), der eigentlich Johann Wilhelm Bentz hieß, war ein Hamburger Wasserträger. Er galt als griesgrämig und um ihn zu ärgern, riefen die Kinder ihm 'Hummel, Hummel' hinterher. Er antwortete mit 'Mors, Mors', Kurzform von Klei di an'n Mors (Leck mich). So entstand der Ausspruch Hummel, Hummel, Mors, Mors, der zur überlieferten Folklore gehört, aber von Hamburgern so kaum mehr genutzt wird. 2003 wurden in Hamburg über 100 individuell bemalte Kunststoff-Wasserträger aufgestellt. Die meisten wurden 2006 versteigert, aber etliche sind noch heute im öffentlichen Raum der Stadt zu sehen.

1938 wurde in der Hamburger Neustadt ein Hummel-Brunnen aufgestellt. Am Sockel des Brunnens ist zu lesen:

Mit denn Boo-Vereen to Hamborg Tohoop

Oevergeven van denn Vereen Geb. Hamborger

An de Hansestadt Hamborg, Suenndag den 13. Sept 1938

Jung mit 'n Tüddelband, Gedenktafel, Hütten 86

'**An de Eck steiht 'n Jung mit 'n Tüddelband**' ist ein plattdeut-
sches satirisches Lied, welches seinen Ursprung im Jahre 1911
hatte und auf das Gebrüder-Wolf-Trio aus der Hamburger Neustadt
zurückging. Am Wohnhaus der Gebrüder Wolf in der Hamburger
Neustadt ist eine Figur des Tüddelband-Jungens angebracht, sowie
eine Tafel in Plattdeutsch, die über das Lied und das Trio informiert.

Hermann Claudius, U-Bahn Jungfernstieg

Der norddeutsche Dichter Hermann Claudius (1878-1980) war ein Urenkel des Dichters und Journalisten Matthias Claudius (1740-1815). Bei den Bauarbeiten für die Hamburger U-Bahn waren in den 1930er Jahren alte Eichenpfähle eines Stauwehrs aus dem Jahre 1250 freigelegt worden. In einen der Eichenpfähle wurde vom Bildhauer Richard Luksch eine Gruppe von sieben Jungfern geschnitzt und auf dem U-Bahnsteig aufgestellt. Im Jahre 1950 schrieb Claudius einen Vers (Hochdeutsch und Platt) für diesen Pfahl, der an einer Tafel in der U-Bahnstation zu lesen ist.

De Jahrhunnert de sünd söben
Jungfern sünd de sülwen blewen.
Und ick ole Ekenpahl
stah hier op dat sülwe Mal.
Hermann Claudius

Die Jahrhundert die sind sieben
Jungfern sind die selben geblieben.
Und ich alter Eichenpfahl
steh hier an dem selben Mal.
Hermann Claudius

Ohnsorg-Theater, Heidi Kabel-Platz 1

Das Ohnsorg-Theater am Hamburger Hauptbahnhof hat die Tradition, Theaterstücke auf Niederdeutsch (Plattdeutsch) aufzuführen, oder auch auf Hochdeutsch, aber mit deutlich hörbarer norddeutscher Note. Eine Metalltafel mit niederdeutschen Texten befindet sich leider nicht am Gebäude. Als ich im Juli 2022 dort vorbeikam war jedoch ein Anti-Kriegsplakat auf Platt zu lesen. Am Eingang des Theaters findet sich zudem eine Heidi-Kabel-Bronzestatue. Die 1914 in Hamburg geborene Schauspielerin starb im Jahr 2010.

Im Jahr 1923, vor 99 Jahren, war die Welt nach 1. Weltkrieg und Wirtschaftskrise bereits für viele nicht mehr in Ordnung. Ein Sandsteinrelief gestaltet durch den bayerischen Steinmetz und Bildhauer Gerhard Josef Geigenthaler (1876-1952) in Kiel drückt das auf Platt aus, mit teilweise verdrehten Buchstaben:

So güng dat in de Welt to.

In der am Fluss Stör gelegenen Stadt Itzehoe (deshalb 'Stör-Stadt') ist am Georg-Löck-Haus in der Innenstadt eine Gedenktafel in Schriftdeutsch und in Plattdeutsch für diesen Obergerichtsadvokaten, der von 1782 bis 1858 lebte, angebracht.

Georg Löck-Haus, Georg Löck Str. 1

Kellinghusen

Der Heimatverband des Kreises Steinburg hat im Juni 2021 an der St. Cyriacus-Kirche in Kellinghusen eine Infotafel zu dieser Kirche in Hochdeutsch und Niederdeutsch (Platt) aufstellen lassen.

St. Cyriacus, Lindenstr. 2, Infotafel (Deutsch/Platt)

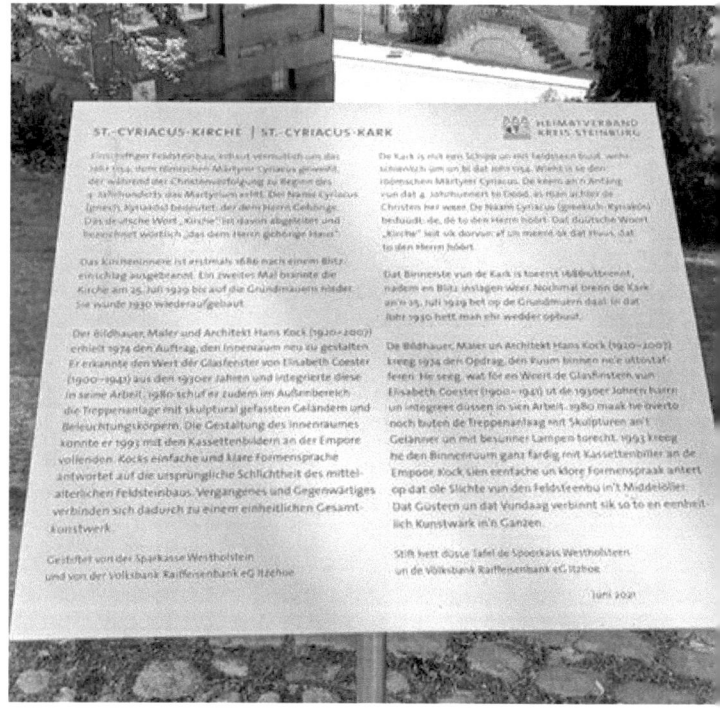

2. Niedersachsen und Bremen

In Niedersachsen gibt es ein West-Ostgefälle, was Dialekttexte im öffentlichen Raum betrifft. In Ostfriesland und im Emsland sind sie (Niederdeutsch/Plattdeutsch) wesentlich häufiger zu finden als etwa in den Räumen Hannover oder Braunschweig. Hannover gilt als Stadt in Deutschland, in welcher das beste Hochdeutsch gesprochen wird. Aber auch hier gab es einst ein (heute selten gewordenes) lokales Platt, Hannöversch, wie eine Anekdote zur Markthalle zeigt. Ein Herr fragt dort eine Marktfrau 'Haben Sie Aale'? Die antwortet: 'Nahn, ich häöbe Zeit' (Haben Sie Aale/Eile? Nein ich habe Zeit). Dialekttafeln sind in der Stadt jedoch nicht zu finden. Anders sieht es in Bremen aus, eine Stadt, welche durch Skulpturen und Fassadeninschriften geprägt ist und auch ihre Bremensien pflegt.

Otto-Huus in Emden, Große Str. 1

Bremen ist reich an Gedenktafeln und an der Wand zu lesenden Schriften. Im touristischen Schnoor-Viertel ist am **Institut für niederdeutsche Sprache** sogar eine Gedichtzeile in Plattdeutsch zu sehen.

Gedichtzeile, Schnoor 41-43

Am Markt, Platz vor der Bürgerschaft

Am Platz vor der Bremer Bürgerschaft findet sich ein Kanaldeckel
mit Spendenschlitz, das Bremer Loch. Auf Platt heißt es hier:
'Kräh nicht, jaul nicht, knurr nicht, sag IAA'.
Wirft man ein Geldstück hinein, meldet sich einer der vier Bremer
Stadtmusikanten mit einem entsprechenden Dankesgeräusch.

Aurich

Im ostfriesischen Aurich ist der Name der Stadt in einem Park auf Friesisch zu lesen (Auerk). Dort kann man zudem an der Fassade der Sparkasse des vormaligen Amtes Aurich den Spruch lesen:

De wat spart, de wat hett.
Wer etwas spart, der hat was.

Neuenhaus

In der kleinen Stadt Neuenhaus, in der Grafschaft Bentheim, Tief im Westen Niedersachsens, lebte 50 Jahre lang der in Gronau geborene und teilweise auf Platt schreibende Heimatdichter Karl Sauvagerd (1906-1992).

In den Fenstern des ehemaligen Wohnhauses von Karl Sauvagerd, in der Hauptstraße von Neuenhaus, sind mehrere Sauvagerd-Gedichte aufgehängt. Darunter ist das unten abgebildete Gedicht über Neuenhaus (**Nijnhuus**).

Nijnhuus

Woor in de Vechte flööjt de Dinkel,
door ligg ne mooje kleine Stadt,
de „Hauptstadt" van de Undergroafschup,
Ij weet't joa wal, Nijnhuus is dat.

Dat Flootwark an de Löägsche Stroate,
Stadtgraben en Wall rûnd üm de Stadt,
de Dinkel, dee nu reguleert is,
all dat is 't Ansehn weert anpatt.

Kûmp man van Hilten, krigg man foort al,
dat Landrats-Hilfsamt to Gesicht,
men ock 't Katasteramt heff Nijnhuus
en is ock „Sitz" van't Amtsgericht.

As't Marktdag is, dan kommt de buren
te Foot, met Wagen of upt Rad -
met Beeste, Peere, Schoape, Biggen
goaht se dan alle noa de Stadt.

Bij Sommertied, as't düftig heet is,
dann is't in Nijnhuus ock mangs drock,
dann geht't ant Baden in de Dinkel
en mangs wal in de Vechte ock.

en Winterdags? Nu, Olljohrsoabend
fangt se to baiern an met Macht,
de Nachtwacht treckt dan döör de Stroaten
en Jûnk en Ould „achter de Wacht".

In Nijnhuus latt et sick wal leewen,
dat Bähntien dat sorgt för Verkehr,
so'n bettien natt is't mangs in Nijnhuus,
men nu, dat bettert ock wal weer.

Karl Sauvagerd

Karl Sauvagerd-Wohnhaus, Hauptstraße Neuenhaus

As't Mäi is (Wenn es Mai ist), ist ein weiteres lebensfrohes Gedicht Sauvagerds, welches an der Fassade seines ehemaligen Wohnhauses zu lesen ist.

As't Mäi is

As't Mäi is, en dat Weer is guud,
en buten drif weer alles uut,
een Knoppen, wassen, gröjen;
de Barken in eer lechte Gröön
en dusend Blomen bint te seen,
de hele Welt wil blöjen.

As't Mäi is, en et is mooj Weer,
dan hault et mij in Huus nich meer,
ik möt der uut, in't Gröne!
De Sünne lacht mij in't Gesicht,
mien Hart dat is så vul, så licht,
ik sing`, men nich alleene:

De Vögel singt eer jubelnd Leed,
de Eerde prunkt in't Vöörjoorskleed,
en Oweral nijt Lewen;-
Kom an en reek mij diene Hand,
lat uns God's Wunder seen in't Land
en em de Ehre gewen!

Karl Sauvagerd

Bild: Horst Dudec

Ein Teil des emsländischen **Platt-Patts** führt durch die Stadt Werlte, wo es dazu zwei Schautafeln gibt. Eine steht am Denkmal für Albert Trautmann (1867-1920). Trautmann, im benachbarten Sögel geboren, war Apotheker, Heimatforscher und Dichter. Die Platt-Patt-Tafeln sind mit QR-Code versehen, die zu Webseiten führen, die es ermöglichen, plattdeutsche Texte auch anzuhören.

PlattPatt: Albert Trautmann aus Werlte (Gedicht über ihn von Hermann May) - YouTube

Hitzacker

Im östlichen Niedersachsen sind Infotafeln in Platt wesentlich seltener als im Westen des Landes. Dafür gibt es hier zahlreiche alte Fachwerkhäuser mit alten Sinnschriften auf den Balken, oft in Platt. Ein Beispiel dafür findet sich in der Innenstadt von Hitzacker. Dort ist an einem Haus zu lesen:

Do wat du willt, de Lüüd snakt doch!
Du kannst machen, was du willst, die Leute reden sowieso.

3. Westfalen

Westfalen ist recht gut mit Dialekttafeln ausgestattet. Das westfälische Platt geht dabei etwas über die Grenzen der drei westfälischen Regierungsbezirke hinaus und umfasst auch Teile des Ruhrgebietes, die schon zum Rheinland gehören, wie etwa Essen. Eine Besonderheit ist zudem Masematte, ein in Münster gesprochener Soziolekt, den man dort auch an Gebäudefassaden lesen kann. In Minden gibt es was ähnliches: die Buttjersprache, welche jedoch kaum mehr gesprochen wird.

Tafel in Dormagen-Wulfen (Münsterland)

Ahlen

In die westfälische Mittelstadt Ahlen bin ich mehrfach gereist, um Ausstellungen im örtlichen Kunstmuseum zu besuchen. Mein letzter Besuch galt jedoch dem zu Ahlen gehörenden Dorf Vorhelm. Dort sah ich den originellen Bäckereinamen 'Laib und Seele'. Der Hauptgrund für meine Reise war jedoch **Augustin Wibbelt (1862-1947)**, westfälischer Priester und Mundartdichter. Er wurde 1862 in Vorhelm geboren, welches sich heute Wibbelt-Dorf nennt. An seinem Lebensabend kehrte er in dieses Dorf zurück. Seine Gedichte schrieb er im westfälischen Platt. Im Dorf gibt es sechs Gedenksteine mit Metalltafeln (2018 saniert und an neuer Stelle aufgestellt), die Gedichte von Wibbelt zeigen, oft Vierzeiler. Am Dorfbrunnen eine Bodenplatte mit einem weiteren Wibbelt-Zitat.

Augustin Wibbelt-Gedichttafel am Bahnhof von Ahlen-Vorhelm

Augustin Wibbelt Wibbelt-Brunnen im Park vor der Dorfkirche

Die Platte an einem Brunnen in der Dorfmitte Vorhelms zeigt ein wichtiges Gedicht Wibbelts.

Weißt du auch, wer hinter dir geht?
Was aus deiner Spur entsteht?
Fege den Weg und wäge dein Wort
alles ist Saat.

Augustin-Wibbelt, Vorhelm Im Loh, Am Hellbach

Eines meiner Lieblingsgedichte Wibbelts ist ein lakonischer und dennoch aufmunternder Vierzeiler, der auf einem Gedenkstein in der Ortsmitte von Vorhelm zu lesen ist:

Mach doch nicht so ein saures Gesicht
Blumen stehen doch gewiss
Auch an deinem Weg, und wenn es
Nur 'ne Distel ist.

Nörgens bäter as in Bokelt heißt es in Bocholt im lokalen west-
münsterländischen Platt. Man ist hier stolz auf die hohe Lebens-
qualität der Fahrradstadt. Während man die Stadt lobt, ist sie aber
auch für einen Meckermann bekannt. Das ist eine Steinfigur, geschaffen vom Bildhauer Eugen Severt, welche seit 1938 im Lan-
genbergpark steht. Immer wieder wurde die Figur zerstört oder ge-
stohlen und musste neu erschaffen werden, das letzte Mal im Jahr
2011.
Der Meckermann ist dagegen, dass man sich flegelhaft benimmt,
mit dem Rad in den Park kommt, Hunde frei rumlaufen lässt, Pur-
zelbäume (Ratzeköpper) schlägt oder Blumen pflückt.

Emsdetten

Emsdetten (36 000 Einwohner), im nördlichen Münsterland gelegen, wird auch als **Wannenmacherstadt** bezeichnet. Wannen sind flache Getreidekörbe, mit denen man früher ausgedroschenes Getreide von Spreu und Staub trennte. In der Fußgängerzone findet sich seit September 1992 ein vom Heimatbund Emsdetten gestiftetes Wannenmacherdenkmal mit folgender Tafel:

Tünen, dat is minTidvödriew
Wegbrengen, dat brengt Geld.

(Korb/Wannen-)Flechten, das ist mein Zeitvertrieb (meine Beschäftigung). Damit zu handeln, das bringt Geld.

Hermann Hagedorn (1884-1951) war ein Lehrer und Dichter, der in Essen-Borbeck geboren wurde und das dort gesprochene Borbecksch pflegte, ein westfälisches Platt, was er auch in seinen Gedichten verwendete. Im Alltagsleben ist Borbecksch mittlerweile jedoch praktisch ausgestorben. Für Hagedorn gibt es in Essen-Borbeck heute einen Gedenkstein. Dieser hat sogar eine eigene Bushaltestelle: 'Hagedorngedenkstein'. Eine Zeile aus dem Hermann-Hagedorn-Gedicht 'Heeme' (Heimat) ist auf diesem Gedenkstein wiedergegeben.

Hagedorn, Gedenkstein, Borbeck, Reuenberg/Granstraße

Unna

1999 wurde der im Stadtteil Uelzen gelegene Mittelpunkt der Stadt Unna markiert. Dieser Punkt liegt nahe am historischen westfälischen Hellweg und an der Bahnlinie Unna-Soest. In den folgenden Jahren wurde der Punkt mit Gedenktafeln und weiteren Dingen als touristische Attraktion ausgebaut. Auch eine Gedichttafel mit einem längeren Text im Uelzener Platt wurde aufgestellt.

Leider wurde der Autor des Gedichtes dabei nicht angegeben.

Minden

Minden hatte einst seine eigene Sondersprache, die **Buttjerspra-che**, ein Mindener Rotwelsch, einst ein Soziolekt. Heute spricht sie kaum noch jemand, aber mittlerweile lebt sie in Wörterbüchern und anderen Veröffentlichungen weiter. Die Zahlen eins, zwei, drei vier heißen in der Buttjersprache zum Beispiel jeck, dui, tren, star. Leider gibt es in Minden keine Gedenktafel mit dieser Sprache. Immerhin gibt es jedoch ein Buttjerdenkmal in der Innenstadt. Das aus dem Rotwelsch stammende Wort Buttjer bedeutet Bummler oder Landstreicher und steht auch für den alteingesessenen Altstadtbewohner Mindens.

Buttjerdenkmal am Martinikirchplatz in Minden

Münster hat mit **Masematte** seinen eigenen **Soziolekt.** Masematte ist ein in den Arbeitervierteln der Stadt entstandener Dialekt, der zu den Rotwelsch-Dialekten gehört. Einige seiner Worte haben über Münster hinaus Verbreitung gefunden. Die Münsteraner Bäckerei Krimphove hat in der Münsteraner Altstadt die Fenster ihrer Filiale in der Windthorststr.68 mit relevanten Masematte-Begriffen verziert, wie beispielsweise verkasematuckeln (gemütlich essen).

Schaufenster von **Korn&Knierfte,** Windthorststr. 68

Im Fenster der Bäckerei ist zudem **Schokolamai** zu lesen (Masematte für Kaffee). Die Krimphove-Filiale heißt Korn&Knierfte. Knierfte ist der Masematte-Ausdruck für Butterbrot.

Schaufenster von **Korn&Knierfte,** Windthorststr. 68

Münster, am Rathaus

In Münster gibt es neben dem Soziolekt Masematte noch ein münsterländisches (**westfälisches**) **Platt**. Am Rathaus findet sich ein Kasten mit Abrisszetteln, wo man sich monatlich mit einem **Blatt Platt**-mit **Afriet-Riemsels** (Abreißreime) bedienen kann.

4. Rheinland

Im Rheinland gibt es zwei Städte mit starker Dialekt-Präsenz, was öffentliche Tafeln betrifft. Zum einen ist es Köln, wo einem Kölsch an vielen Stellen begegnet. In geringerem Ausmaße finden sich auch in Aachen Dialekttafeln. In Wuppertal im Bergischen Land, verwaltungstechnisch zum Rheinland gehörend, wo aber Bergisches Platt gesprochen wird, finden sich ebenfalls Dialekttafeln.

Köln

Am Platz vor dem Kölner Dom stehet eine Nachbildung einer Kreuzblume der Domtürme. Metalltafeln mit einer Erklärung dazu sind in gleich 14 Sprachen angebracht. Darunter ist, typisch für die Stadt, auch eine Tafel in Kölsch.

Kreuzblume am Domplatz mit Tafel in Kölsch

Kayjass Schull vom Kreechmaat (Gr. Griechenmarkt 76)

Als ich das Kölner Schild vom ehemaligen Schulstandort am Griechenmarkt poste, reagieren gleich ein paar Kölner mit Zeilen aus dem **Kayjass**-(Karnevals)Lied.

'In d'r Kayjass Nr. 0
En d'r Kayjass Nummer Null
Steiht en steinahl Schull
Und do hammer dren studeet
Unser Lehrer, dä hieß Welsch
Sproch en unverfälschtes Kölsch
Und di hammer bei jelihrt
Und da hammer hin un her üvverlaat
Un han für dä Lehrer jesaht
Nä, nä dat wesse mer nit mih
Janz bestemp nit meh
Und dat hammer nit studeet
Denn mer wore beim Lehrer Welsch en d'r Klass
Un do hammer sujet nit jelihrt
Avver, ävver, ävver dreimol Null es Null, es Null
Denn mer woren en d'r Kayjass en d'r Schull'.

Brings-Gedicht, Unterführung Bahnhof Köln-Ehrenfeld

Der Personentunnel des Bahnhofs Köln-Ehrenfeld ist offiziell durchgehend per Sprühdose bemalt worden, auch um wilde Graffiti zu vermeiden. Am Ausgang ist auf Kölsch ein Ehrenfeld-Gedicht des Kölner Musikers **Rolly Brings** (*1943) zu sehen. Die Lesbarkeit ist leider durch Tags schon wieder etwas beeinträchtigt.

'Ihrefeld, du rusjeputz Madamm,
Ahl Mädche was es aan dir nor draan?
Du rüchs noh Bier un Auspuff, noh Fritte un Kebab:
Ihrefeld, du häs me Hätz jeschnapp'.

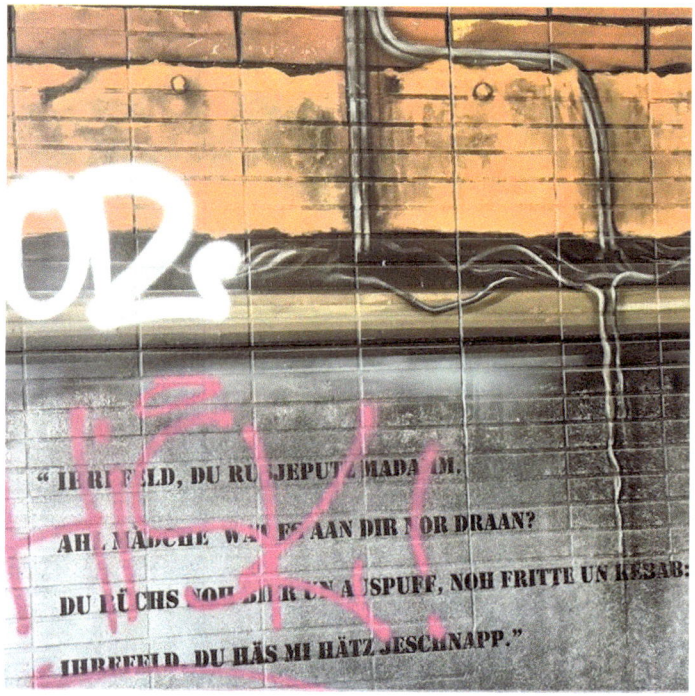

Hänneschen-Theater, Eisenmarkt 2-4

Das **Hänneschen-Theater** in der Altstadt von Köln ist ein traditionelles Puppentheater, das Aufführungen vor allem in Kölsch gibt. Im Schaufenster am Eisenmarkt in der südlichen Altstadt sind entsprechende Aufführungsankündigungen in Kölsch zu lesen,darunter zum Stück **Et kölsche Jrundjesetz.**

Dessen erste Artikel lauten übrigens:

Art. 1: **Et es wie et es,**
Art. 2: **Et kütt wie et kütt,**
Art 3. **Et hätt no emmer joot jejange,**
Art 4: **Watt fott es, es fott.**

Neben Köln ist auch Aachen eine Stadt, in welcher der lokale Rheinische (niederfränkische) Dialekt (hier das Öcher Platt) auf öffentlich einsehbaren Schildern und Plakaten zelebriert wird.

Unter dem Straßenschild Münsterplatz steht zum Beispiel die Dialektversion Mönsterplaj.

Öcher-Platt-Werbeplakat, Hartmannstr.

In Aachen wird das Öcher Platt öfters auch auf Werbeplakaten verwendet. Mit dem Plakat unten kündigt ein Händler an, dass sein Geschäft wieder in Aachen ist.

Liebe Leute, wir sind wieder in Aachen.

Düsseldorf

In der preußisch-korrekten Verwaltungs- und Finanzstadt Düsseldorf sind Tafeln im Dialekt weit seltener als in Köln. An der Figurengruppe **Schmied mit Knabe** am Martin-Luther-Platz gibt eine Tafel jedoch den Spruch wieder, mit dem der Schmied den Knaben in die Altstadt schickte:

Jong, jangk en de Aldestadt on hol mech fönef Alt.
Junge, geh in die Altstadt und hole mir fünf Altbier:

Martin-Luther-Platz, Tafel an der Skulptur **Schmied mit Knabe**

Mülheim (Ruhr)

Der lokale Mülheimer Dialekt, im Alltagsleben fast ausgestorben, wird **Mölmsch** genannt. Dieser niederfränkische Dialekt ist mit dem Bergischen verwandt, welches zum Beispiel in Wuppertal gesprochen wird. Einst standen mehrere Tafeln in Mölmsch an den Eingängen der Parkanlage Witthausbusch in Mülheim. Davon hat eine Tafel an der B1-Seite des Parkes überlebt.

Witthausbuschpark, Benimmtafel in Mölmsch

In Neuss am Rhein wird das **Nüsser Platt** gesprochen. Tafeln zu dieser Mundart sind in der Stadt leider nicht zu lesen. Allerdings gibt es Infotafeln an wichtigen Gebäuden mit einem QR-Code-Link zu einem Audioguide, der den deutschen Text auf der Infotafel akustisch auch auf Englisch und Französisch und im Nüsser Platt wiedergibt. Der Name des Bürgerhauses **Em Schwatte Päd** (zum Schwarzen Pferd) ist auf einer entsprechenden Infotafel immerhin im Platt zu lesen.

Infotafel am **Em Schwatte Päd**, Sebastaniusstr.1, Neuss

Der in Elberfeld geborene Otto Hausmann (1837-1916) war Schriftsteller und Maler. Im Jahre 1870 erschien seine Mundart-dichtung (Bergisches Platt) **Minna Knallenfalls**, mit der gleichna-migen Heldin, für die in der Fußgängerzone Wuppertal 2008 ein Bronze-Denkmal mit Bodentexttafel aufgestellt wurde.

Wuppertal, **Minna Knallenfalls**-Bodenplatte

Koblenz

In Koblenz ist in der Altstadt das Bronzedenkmal eines Schutzmannes mit einer Marktfrau zu sehen. Auf einer Bodenplatte ist im moselfränkischen Dialekt zu lesen, um was es hier geht:

'Die Marktfrau sagt zum Schutzmann
Das ist mir jetzt zu bunt
da ist mein Mann angepinkelt worden
von Nachbars Hund'.

Bronzedenkmal in der Altstadt von Koblenz

5. Hessen

Was Dialekttafeln betrifft, ragen in Hessen zwei Orte heraus. Zum einen ist es Frankfurt, wo der der Dichter Friedrich Stoltze zur schriftlichen Verbreitung des lokalen Dialekts beigetragen hat. Zum anderen ist das osthessische Hünfeld sprachlich recht agil. Dort gibt es nicht nur 125 Fassadengedichte der Konkreten Poesie, sondern auch einen Radweg entlang der ehemaligen Kegelspiel-bahn, der von Steintafeln mit Texten im Rhöner Platt gesäumt wird. Ein Beispiel für eine der 20 Granittafeln am Kegelspielradweg ist unten abgebildet. Der Text lässt sich folgendermaßen ins Hoch-deutsche übersetzen; 'Salz, Schmalz, Butterbrötchen, Kuhdreck, (Abzählreim:) gick, gick, bätsch, bätsch'.

Friedrich Stoltze (1816-1891) war ein Frankfurter Schriftsteller und Dichter, der auch in Mundart gedichtet hat. Sein bis heute bekanntestes Gedicht schrieb er im Jahre 1880, mit der Intention, die Gäste des deutschen Turnfestes zu begrüßen.

Es is kaa Stadt uff der weite Welt,
die so merr wie mei Frankfort gefällt,..
un es will merr net in mein Kopff enei
wie kann nor e Mensch net von Frankfurt sei.

Die letzten beiden Zeilen des Gedichtes sind in großen weißen Lettern an der roten Fassade eines Hauses am Reuterweg zu lesen.

Stoltze-Zeilen an einer Fassade, Reuterweg 104

Frau Rauscher, Klappergasse 8

Fraa (Frau) Rauscher ist ein fiktives Frankfurter Stadtoriginal. Steht man am Fraa Rauscher-Brunnen im Hofe der Frau Rauscher-Apfelweinwirtschaft in Frankfurt-Sachsenhausen, wird man periodisch und unerwartet durch ihren Mund hindurch mit Wasser angespritzt. Frau Rauscher soll in der Klappergasse gelebt haben und eines Tages mit einer Beule am Kopf auf der Straße liegend angetroffen worden sein. Ein übereifriger Polizist versuchte zu klären, ob die Beule durch ihren Ehemann oder einen alkoholbedingten Sturz nach Apfelweinkonsum zustande gekommen wäre. 1929 machte der Frankfurter Grafiker Kurt Eugen Strouhs daraus ein Mundart-Gedicht und der Schriftsteller Bert Häuser vertonte es.

Frau Rauscher-Gedicht in der Klappergass

51

Hünfeld

Das osthessische Hünfeld ist eine Stadt der Sprache. Das ist einem deutsch-polnischen Künstler zu verdanken. Jürgen Blum-Kwiatkowski (1930-2015) hat hier nicht nur das Museum Modern Art Hünfeld sondern auch das Konkrete Poesie-Projekt **Offenes Buch Hünfeld** gestartet. Die Blum-Stiftung Museum Modern Art Hünfeld hat auch die 22 Granitsteine mit Rhöner Mundarttexten entlang des 2007 eröffneten Kegelspiel-Radwegs gefördert. Im Juni 2022 war ich hier mit dem Rad unterwegs und sah 12 der Steine. Gleich mit dem ersten Stein (unten) hatte ich Verständnisprobleme. **Doss senn Lied** - das sind Leute, aber was heißt **be wallied?** Eine Hünfelder Ladenbesitzerin konnte mir nicht helfen und bei der Tourist-Info wussten sie erst auch nicht weiter. Dann fanden Sie dort jedoch eine Liste, welche Aufklärung brachte: *Das sind Leute wie Pilger (Wallfahrer).*

Kegelspielradweg, Granitstein 1 (Stadt Hünfeld)

Kegelspielradweg, Granitstein 2 (Stadt Hünfeld)

Der zweite Granitstein ist auf den ersten Blick sprachlich fast so eine große Herausforderung wie der erste. Er lässt sich bei genauerem Hinsehen dann aber doch entschlüsseln. Der Text beschreibt ein Durcheinander, wo hinten am vordersten ist, oben am untersten und unten am obersten.

Durcheinander: hinten ist vorne, oben unten und unten oben.

6. Baden-Württemberg

Viele meinen, in Baden-Württemberg würde nur Schwäbisch gesprochen. Von den Badenern werden die Württemberger oft mit
den Schwaben gleichgesetzt, dabei leben Schwaben auch im Westen Bayerns und dort wird, wie in den meisten Regionen Württem-
bergs, ebenfalls Schwäbisch gesprochen. Einen badischen Dialekt
gibt es wiederum als Kategorie in der Dialektforschung nicht. Ganz
im Süden, in weiten Teilen des Schwarzwaldes und den Oberrhein
hoch wird Alemannisch gesprochen, im Norden des Landes Süd-
fränkisch, Mainfränkisch und sogar Hessisch. Zu beobachten ist
zudem, dass sich die Dialekte zugunsten des Hochdeutschen mit
jeder Generation etwas verwässern. Viele junge Leute, gerade in
den Großstädten, sprechen ein fast reines Hochdeutsch, vielleicht
gerade noch mit süddeutscher Intonation. Die Dialektgrenzen
scheinen sich auch ein bisschen zu verschieben. Das Schwäbische
dringt nach Süden vor, vor allem in Oberschwaben und im Allgäu,
teilweise durch Zuwanderer aus dem Raum Stuttgart, und ver-
drängt das Alemannische. Im Norden breitet es sich in die Fränkischen Sprachräume hinein Richtung Heilbronn aus.

Schwäbisch-alemannischer Mundartweg (Höchsten).

Josef Eberle (1901-1986) gründete nicht nur die Stuttgarter Zeitung, er war auch Schriftsteller sowie unter dem Pseudonym **Sebastian Blau** auch Mundartdichter. Vor allem nach dem Berufsverbot durch die Nazis im Jahr 1933 gab er schwäbische Gedichte heraus. In seiner Geburtsstadt Rottenburg am Neckar wurde zu seinem 100. Geburtstag im Jahr 2001 ein 12 km langer Wanderweg bis nach Bad Niedernau mit 20 Sebastian-Blau-Gedichttafeln angelegt. Auf einer Gedichttafel am Rande der Altstadt geht es um den Wein (**Ao'ser Wei'**, unser Wein). Dieses Gedicht ist 1933 im Band **Kugelfuhr** veröffentlicht worden.

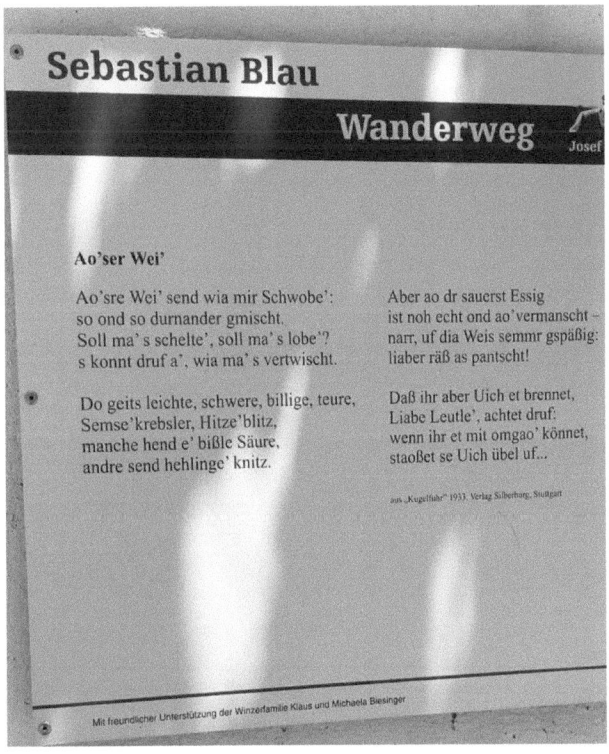

Sebastian Blau
Wanderweg
Josef

Ao'ser Wei'

Ao'sre Wei' send wia mir Schwobe':
so ond so durnander gmischt.
Soll ma' s schelte', soll ma' s lobe'?
s konnt druf a', wia ma' s vertwischt.

Do geits leichte, schwere, billige, teure,
Semse'krebsler, Hitze'blitz,
manche hend e' bißle Säure,
andre send hehlinge' knitz.

Aber ao dr sauerst Essig
ist noh echt ond ao'vermanscht –
narr, uf dia Weis semmr gspäßig:
liaber räß as pantscht!

Daß ihr aber Uich et brennet,
Liabe Leutle', achtet druf:
wenn ihr et mit omgao' könnet,
staoßet se Uich übel uf...

aus „Kugelfuhr" 1933, Verlag Silberburg, Stuttgart

Mit freundlicher Unterstützung der Winzerfamilie Klaus und Michaela Biesinger

Sebastian-Blau-Wanderweg, Neckarufer in Rottenburg

Am südlichen Neckarufer von Rottenburg findet sich ein 8-strophiges Gedicht zu diesem Fluss: **Dr Necker**, 1981 im Buch **Schwobespiagel** veröffentlicht.

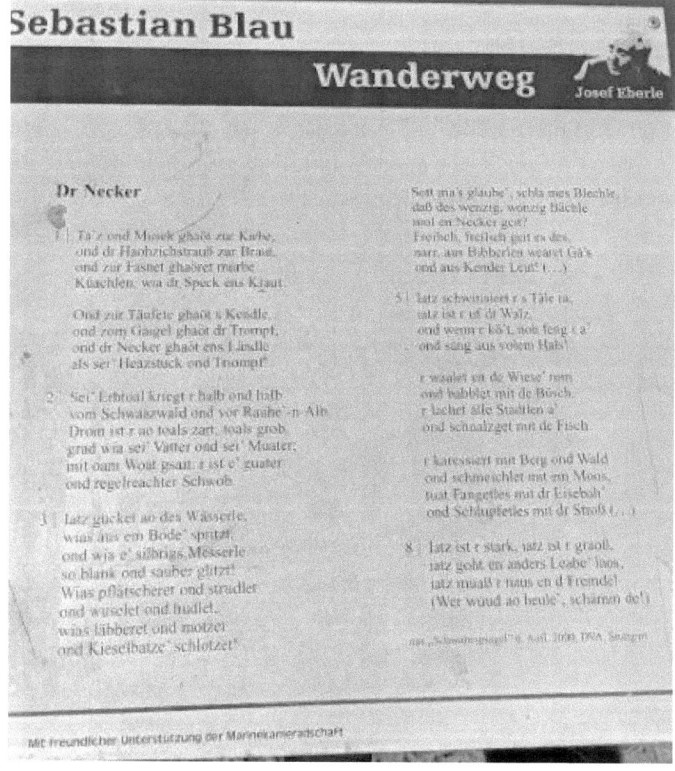

Sebastian-Blau-Wanderweg, Neckarbrücke Rottenburg

An der Altstadt-Neckarbrücke von Rottenburg findet sich eine Tafel zum drei-strophigen St. Nepomuk-Gedicht, 1981 im Buch **Schwobespiagel** erstmals veröffentlicht, hier jedoch aus der 6. Auflage 2000 zitiert. Eine Württembergerin meinte jedoch, ein Schwabe könne kein ü und da es Dialektwörter im Duden nicht gäbe, wären auch keine Auslassungszeichen nötig und zweifelte so die Qualität des Schwäbischen im Gedicht an.

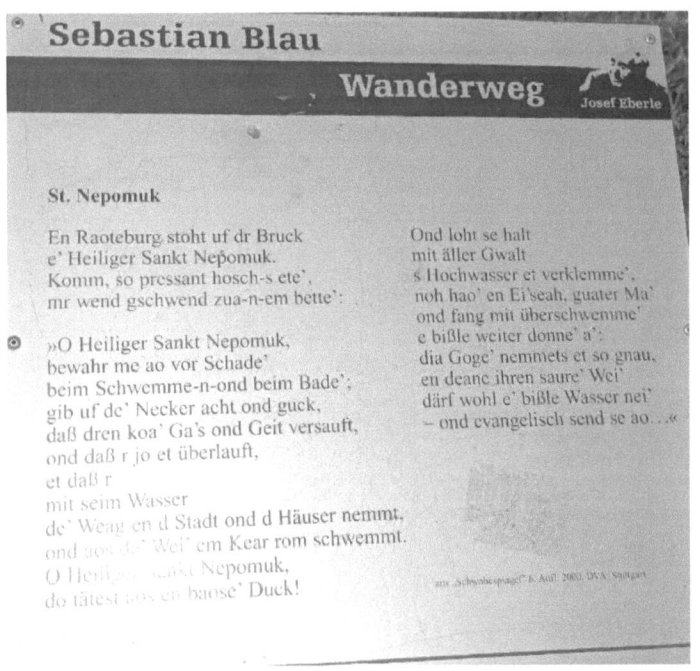

Höchsten (Oberschwaben)

Der **Höchsten** bei Ravensburg ist eine 838 m hohe Erhebung zwischen Alb und Bodensee mit spektakulärer Fernsicht. Er liegt im Übergangsbereich zwischen Bodensee-Alemannisch und Oberschwäbisch. Im Jahre 2004 wurde hier ein Mundartweg angelegt, mit 11 Tafeln, jeweils Schwäbisch-Alemannisch und Hochdeutsch. Die gezeigten Texte des Schwäbisch-alemannischen Mundartwegs können auch als Schwäbisch durchgehen, für manche Worte werden jedoch zwei Varianten angegeben.

Mundartweg Höchsten, Tafel Der Mensch/die Leute

Eine der ersten Tafeln des Mundartweges Höchsten informiert
über Schlüsselworte zum Menschen und den Leuten.

'**Wenn no alle so wäret, wiea i sei sott**' (Wenn nur alle so wären,
wie ich sein sollte), reflektiert komplexes schwäbisches Räsonie-
ren.

Mundartweg Höchsten, Tafel Haus & Hof

Auch hier werden für verschiedene Wörter zwei Dialektvarianten angegeben. Ein nettes Wortspiel ist folgendes:
Aget haaget wenn's daaget (Agate stellt am Morgen den Weidezaun auf bzw. Agate stellt den Hag auf, wenn der Tag kommt).

Mundartweg Höchsten, Tafel Technik & Beruf

Der erste Satz dieser Tafel drückt den Fleiß der Schwaben aus.
Hauptsache ist, man kann jeden Tag aufstehen und arbeiten. Die
Arbeit soll jedoch gut gemacht werden, ob ein Schwabe wirklich
gleich reparieren muss, was er da geschaffen hat?

Mundartweg Höchsten, Tafel Tugenden & Untugenden

Den Ausdruck **'Ha, du bisch a mol a Käpsele'** (Ha, Du bist ja sehr ideenreich), kannte ich als Allgäuer Schwabe bisher nicht, hörte ihn aber von einem Ravensburger.

Entaklemmer ist auch der Titel einer Adaption des Molière-Stückes 'Der Geizige' zu einem Lustspiel durch den Stuttgarter Schriftsteller Thaddäus Troll (1914-1980).

Württembergisches Allgäu

Im württembergischen Westallgäu gibt es in mehreren Orten an Brunnen Schwäbisch-Alemannische Textproben. Mehrere der Brunnen wurden dabei durch den niederbayerischen Bildhauer Josef Michael Neustifter gestaltet.

In Wangen kann man im Pflaster der Fußgängerzone lesen:
'In Wangen bleibt man hangen'.

Allgäuer Brunnen, Rathaus Wangen, Marktplatz 11

Am Rathaus von Wangen findet sich seit 1997 ein von Josef Michael Neustifter gestalteter Brunnen der von aufeinanderliegenden verdruckten (wortkargen) Allgäuern gekrönt wird. An den Brunnenseiten sind schwäbische Weisheiten zu lesen. Darunter

Learn da Schnitt am fremda Tuech

Nix gsait ischt gnu (nichts gesagt ist genug)

Wer nie Gleageheit hot, hot guet brav sei

Eglofs, **Schuhmichelbrunnen**, Strickers Höhe 1

Der Schuhmichelbrunnen in Eglofs wurde 1996 aufgestellt (Bildhauer: Michael Neustifter). An den Seiten des Sockels finden sich Sprüche des Eglofser Schusteroriginals **Schuhmiche**l. Zum Beispiel:
'Die Schuh' hebt ewig, wenn du's bloß zum Biechte alegsch'.
(die Schuhe halten ewig, wenn du sie nur zum Beichten anziehst)

Eglofs, Schuhmichelbrunnen, Strickers Höhe 1

Auf Schwäbisch-Alemannisch ist am Schuhmichelbrunnen in Eglofs zu lesen:

'Michel wo gohsch na?
Drum gang i sell, dass I's niemand sach bruch'.
(Michael, wo gehst du hin? Darum geh ich selbst, damit ich das niemandem sagen muss).

Isny, Brunnen Fußgängerzone, Schmalzbrunnen.

Anlässlich der Feier von 650 Jahre Freie Reichstadt wurde mithilfe von Bürgerspenden im Jahr 2015 der 1894 abgetragene historische Schmalzbrunnen neu angelegt. Gekrönt wird er von der Brunnen-figur Barbara, die einen Schmalztopf in der Hand hat. Hier in der Fußgängerzone verweilt man gerne in den Cafés vor dem Brunnen. Der Brunnen lädt dazu ebenfalls auf Schwäbisch ein. An seiner Metallfassung ist zu lesen:

'Bleib doch no a bitzle do' (Bleib doch noch ein bisschen da).

7. Bayern

In Bayern gibt es drei Stämme: Die Bayern (Altbayern) in den Regierungsbezirken Oberbayern, Niederbayern und der Oberpfalz, die Franken in den Regierungsbezirken Unter, Mittel- und Oberfranken und die Schwaben im Regierungsbezirk Schwaben. Entsprechend gibt es bairische (Mittelbairisch, Nordbairisch), fränkische (Oberostfränkisch, Unterostfränkisch, Rheinfränkisch) und schwäbische-alemannische Dialekte (Ostschwäbisch, Niederalemannisch). Als ich vor über 20 Jahren in Nordbayern mit der Bahn unterwegs war, konnte man die Dialektunterscheide von Bahnhof zu Bahnhof noch deutlich hören. Als ich die Fahrt vor 2 Jahren wiederholte hatten sich die Unterscheide bereits deutlich abgeflacht. Die jüngeren Leute sprechen kaum mehr Dialekt. Dialekte verflachen und Dialektgrenzen verschieben sich sogar.

Dinkelsbühl in (Bayerisch) Schwaben (Bild unten) liegt so nah an der Grenze zum Fränkischen Dialektgebiet, dass man eine Kuh mit dem Schwanz ins Frankenland schleudern kann, sagte man dort früher. Heute ist die Dialektgrenze dort viel weniger hörbar.

Augsburg

Im Allgäu sah ich vor etwa 5 Jahren ein Schaufenster, das sich gegen das Vordringend des bairischen Dialekts wehrte. Dort stand zu lesen: 'Wir im Allgäu sagen nicht Schwammerl, wir sagen Pilze, wir sagen nicht Semmeln, wir sagen Wecke'. Das Allgäu ist Schwäbisch-Alemannisch geprägt, im Norden eher Schwäbisch, ganz im Süden mehr Alemannisch. In Augsburg wird Schwäbisch gesprochen, der Lech gilt als Dialektgrenze zum Baierischen.
Als die Augsburger Puppenkiste coronabedingt geschlossen war, war konnte man dies auf Schwäbisch auf einem Plakat lesen.

Altenbuch/Unterfranken

Durch den Spessart nördlich von Wertheim am Main verläuft der **Äppeläquator**, die Sprachgrenze Rheinfränkisch/Mainfränkisch. Südlich davon **'löscht der Oepfelmost den Durscht'** und **'Grumbiernbrei un Wurscht'** stillt den Hunger. Nördlich davon sind es **'Worscht un Äppelwoi'**. **Die Gedenktafel zum Äppeläquator** ist dem Unterfränkischen Dialekt-Institut (UDI) der Universität Würzburg zu verdanken, welches die im Regierungsbezirk Unterfranken gesprochenen Dialekte sehr genau untersucht und kartographiert. Der Gedenkstein wurde im Mai 2004 gesetzt. In Südbayern ist man sich dieser Dialektgrenze kaum bewusst. Der Aschaffenburger Kabarettist Urban Priol klingt für die Oberbayern bereits wie ein Hesse.

Grub am Forst

Der in der Nähe von Coburg geborene Heimatdichter Reinhold Albrecht (1864-1920) verbrachte seine Kindheit und Jugendzeit als Sohn des örtlichen Pfarrers in Grub am Forst. In den 1890er Jahren, er hatte Grub längst verlassen, begann er mit dem Dichten. Zwischen 1900 und 1910 entstand ein Mundartgedicht zu Grub ('**Es Gru**') mit vier Strophen. 1987 meißelte der Bildhauer Matthias Heß (*1961) eine Strophe im Rahmen einer Meisterprüfung in Stein und schenkte diesen der Stadt. Er wurde hinter der Kirche aufgehängt, verwitterte aber im Laufe der Zeit immer mehr. Bei der Kirchweih 2014 entstand schließlich die Idee, alle 4 Strophen dauerhaft in Sandstein zu meißeln und an verschiedenen Stellen des Dorfes aufzustellen. So gibt es nun vier Tafeln in **Itzgründisch**. Dies ist ein unterostfränkischer Dialekt, der in Südthüringen und im Raum Coburg, welcher erst 1920 zu Bayern kam, gesprochen wird.

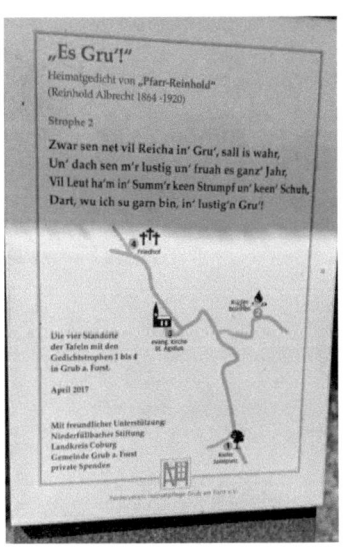

71

Reinhold Albrecht, Es Gru, Strophe 1, Kiefer/Spielplatz

Im Süden des Dorfes, an einem Spielplatz, steht eine Steintafel mit
der in den zwischen 1900 und 1910 entstandenen ersten Strophe
des **Es Gru**-Gedichtes.

> 'Wer kennt nicht das Dörflein, es ist nicht gerade klein…
> Man sieht gleich da ist man dicht unter dem (Grüber) Stein
> Die Dock'n (alte Linde), die Kiefer, ein Kirchturm dazu
> Dort, wo ich daheim bin, der Ort heißt Grub'.

Strophe 1

War kennt net dös Därfla, es is grod net klee,
Mer secht gleich do gess'n decht ünter in Stee,
Die Dock'n, die Kiefer, in Kerchtarm d'zu,
Dart, wu ich d'rheem bin, dös hässt m'r es Gru'!

72

Reinhold Albrecht, Es Gru, Strophe 3, Standort ev. Kirche

An der evangelischen Kirche im Dorfzentrum findet sich eine Tafel zur 3. Strophe des **Es Gru**-Gedichtes. Die lässt sich so übersetzen:

'Und ist es erst Frühjahr, die Nacht ist bereits warm
Da spazieren die Mädchen durchs Dorf, Arm in Arm
Die singen und lachen und geben keine Ruh
Ja schön ist es das Leben schon, bei uns in Grub'.

„Es Gru'!"

Heimatgedicht von „Pfarr-Reinhold"
(Reinhold Albrecht 1864 -1920)

Strophe 3

Un' is erscht in Frühjahr die Nacht racht schö' warm,
Do genna die Mädla darch's Darf Arm in Arm,
Die singa un lach'n un' ga'm gar kee Ruh.
Ja, schö' is' es La'm fei, bei uns do in Gru'!

73

8. Niederlande

8.1 Limburgisch

Niederländisch ist eine Schriftsprache, und kann so eigentlich nicht zu den deutschen Dialekten gerechnet werden. Die Dialekte des Landes zählen jedoch noch heute als deutsche Mundarten. Darunter ist auch das an der Grenze zu NRW gesprochene Limburgisch, in der Dialektsystematik als **Westlimburgisch** bezeichnet. Dieses wird sowohl in der niederländischen als auch in der belgischen Provinz Limburg gesprochen.

In Maastricht, der Hauptstadt der niederländischen Provinz Limburg, kann man Textilien mit Limburger Sprachproben kaufen. Zum Beispiel den Stoffbeutel unten im Bild ('Ich komme glücklicherweise aus Maastricht').

Limburgisch in einem Souvenirladen in Maastricht

'**Sittard ist stolz auf seine Sittarder**' ist auf einem Graffito an einer Seitenstraße der Sittarder Fußgängerzone zu lesen.

Die erste Person auf dem Bild ist die italienische Heilige und Mystikerin Gemma Galgani, die jedoch keinen biographischen Bezug zu Sittard hat. Dann sind noch das Sittarder Original Zefke Mols (1874-1955), der Komödiant Toon Hermans (1916-2000) und der Limburger Dialektsänger Jo Erens (1928-1955) zu sehen.

Graffito, Overhovenerstraat, Sittard

Kerkrade

In der Grenzstadt Kerkrade wurde Heintje geboren und hier wurde 1969 das letzte niederländische Kohlenbergwerk geschlossen. In der Innenstadt von Kerkrade (Kirchroa) gibt es einen Laden, der sich auf Kerkrade-Souvenirs mit Texten in Limburgisch spezialisiert hat. Natürlich kann man hier auch einen Postkarten-Gruß aus Kerkrade erwerben.

8.2 Friesisch

Leiden ist die Stadt der Fassadengedichte, der **Muurgedichten**. Mehr als 120 Gedichte sind in der holländischen Rembrandtstadt an Fassaden zu lesen. Darunter, in Friesisch, auch das 1881 geschriebene Gedicht **'Maaie op it iis'** von **Pieter Jelles Toelstra** (1860-1930), in der Provinz Friesland geborener Rechtsanwalt und Dichter. Das Gedicht spielt mit Worten und ist nur schwer zu übersetzen. Maaie ist das Mähen, steht aber auch, ebenso wie maitiid, für Frühjahr. Zudem bedeutet es im Friesischen auch Schlittschuh fahren, weil man ähnliche Bewegungen wie beim Mähen macht. Deshalb ist der Titel auch als Mähen auf dem Eis (op it iis) lesbar.

Friesisches Gedicht Maaie op it iis am Weddesteeg 4 in Leiden.

9. Brüssel (Belgien)

In Brüssel wird, allerdings nur von wenigen, oft älteren Bewohnern und eher in den zentralen Stadtvierteln, ein spezieller Brabanter (Flämischer) Dialekt gesprochen, stark durchsetzt mit französischen Lehnwörtern, das **Brusseleir**. Ein Text in einem Schaufenster weist darauf hin, dass die neue Ausgabe des Magazins Brusseleir erschienen ist (aus dem französischen arrivé/ angekommen wird garriveid).

Brüssel, Schaufenster in der Rue des Alexiens im Zentrum

Brüssel, Brusseleier, Schaufenster Rue des Alexiens

Ein Fenster der Brüsseler Innenstadt zeigt den Satz **Ich bin gut gekleidet** im Brüsseler Dialekt, auf Niederländisch (Flämisch) und auf Französisch.

Schlusswort

Ich hoffe, die kleine Sammlung von kuriosen, absurden und witzigen Infotafeln - diesmal in Dialekten - ist für die LeserInnen unterhaltsam und anregend. Über Hinweise zu weiteren interessanten Tafeln würde ich mich freuen. Kommentare zur bestehenden Sammlung sind ebenfalls willkommen. Am besten an: Richard.deiss@gmail.com

Gesehen in Landau (Donau)

Zum Autor

Richard Deiss stammt aus Isny im Allgäu, studierte in den 1980er Jahren in München Geografie und arbeitete ab den 1990er Jahren als Verkehrsplaner und im Bereich der Statistik. Heute lebt er in Wuppertal und Berlin. Bei BoD hat er seit 2006 bereits mehr als 50 Titel publiziert, zuletzt neun Bücher zu von ihm besuchten Städten und 2 Wortspielbücher. Zurzeit arbeitet er an einer Buchreihe zu Gedenk- und Informationstafeln.

Seine Bücher sind in dieser Form außergewöhnlich und decken Themengebiete ab, zu denen es bisher wenige Veröffentlichungen gibt. Die LeserInnen dürfen gespannt sein auf weitere Neuerscheinungen. Es ist ihm ein Anliegen, seine Leserschaft damit zu unterhalten, zu erstaunen und zu erheitern. Und lernen kann man dabei auch noch etwas.

Quellennachweis:

Bilder: Richard Deiss

Texte: Informationen zu den Texten

Ahlen-Vorhelm, Augustin Wibbelt
http://www.kathvorhelm.de/archivbilder_wibbelt.html

Altenbuch, Äppeläquator
https://de.wikipedia.org/wiki/%C3%84ppel%C3%A4quator

Brüssel, Brüsseleier
www.brusseleir.eu

Eglofs, Schuhmichel
https://www.all-in.de/kempten/c-lokales/eglofser-original_a343641

Essen ,Hagedorn
https://www.borbeck.de/lexikon-details/hagedorn-hermann.html

Grub am Forst, Gedicht 'Es Gru'.
https://www.gutfuergrub.de/wp-content/uploads/2018/06/Flyer_Es-Gru_final.pdf

Hamburg, Zitronenjette
https://www.hamburg.de/sehenswuerdigkeiten/3091834/zitronenjette/

Hamburg, Tüddelband
https://de.wikipedia.org/wiki/An_de_Eck_steiht%E2%80%99n_Jung_mit%E2%80%99n_T%C3%BCdelband

Hamburg, Hummel-Brunnen
https://www.hamburg.de/sehenswuerdigkeiten/3091630/hummel-denkmal/

Höchsten: Schwäbisch Alemannischer Mundartweg
https://hoechsten.de/mundartweg

Hünfeld, Dialekttafeln Kegelspielbahn
https://osthessen-news.de/n1163737/h-nfeld-rhoener-platt-stationen-
entlang-des-kegelspielradwegs-saisonstart-am-4-april.html
https://de.wikivoyage.org/wiki/Kegelspielradweg

https://de.wikivoyage.org/wiki/Kegelspielradweg

Mülheim (Ruhr), Mölmsch
https://www.muelheim-ruhr.de/cms/moelmsch_platt1.html

Neuenhaus, Gerd Sauvagerd
http://www.watt-up-platt.de/der-grafschschafter-dichter-carl-sauvergerd/

Rottenburg (Neckar), Sebastian- Blau- Wanderweg
https://www.tourismus-bw.de/touren/sebastian-blau-wanderweg-
rottenburg-bad-niedernau-rottenburg-bbe3ef3e3b

Werlte, Platt- Patt
http://www.heimatverein-werlte.de/aktuelles.htm
https://www.youtube.com/watch?v=G2TAY_AMR4g

Weitere Bücher von Richard Deiss

bei books on demand, www.bod.de

in der Reihe **Tausend Tafeln**

Hier war Goethe nie

77 wundersam-witzige Info- und Gedenktafeln, Norderstedt 2022

Stadt der Gedichte

77 Gedichttafeln in Städten, Norderstedt 2022